SERVICE FUNÈBRE

CÉLÉBRÉ DANS L'ÉGLISE DE BROYE

POUR LE REPOS DE L'AME

DU

R. P. DESEILLIGNY

MISSIONNAIRE APOSTOLIQUE

LE 21 MARS 1890

AUTUN

IMPRIMERIE DEJUSSIEU PÈRE ET FILS

1890

SERVICE FUNÈBRE

CÉLÉBRÉ DANS L'ÉGLISE DE BROYE

POUR LE REPOS DE L'AME

DU

R. P. DESEILLIGNY

MISSIONNAIRE APOSTOLIQUE

LE 21 MARS 1890

AUTUN

IMPRIMERIE DEJUSSIEU PÈRE ET FILS

1890

SERVICE FUNÈBRE

POUR LE REPOS DE L'AME

DU

R. P. DESEILLIGNY

MISSIONNAIRE APOSTOLIQUE

——·¿·——

> La douleur est un fruit, Dieu ne la fait pas croître
> Sur la branche trop faible encor pour la porter !

Ces deux vers du poète expliquent le deuil qui vient de frapper deux grandes familles du diocèse d'Autun : la famille Deseilligny et la famille Schneider. Le 21 mars, un service funèbre était célébré dans l'église de Broye pour le repos de l'âme de M. l'abbé Deseilligny, mort victime de son dévouement à l'âge de trente ans. Sa mort, aussi triste qu'elle est belle, mérite d'être signalée aux lecteurs de la *Semaine religieuse*.

M. l'abbé Deseilligny était fils de M. Deseilligny, ancien directeur du Creusot, des mines de Decazeville, puis successivement ministre des travaux publics, du commerce et de l'agriculture. Sa mère, sœur de M. Henri Schneider, gérant des usines du Creusot, habite le château de Mont d'Arnaud, commune de Broye. Elle est la bienfaitrice de cette paroisse. De ses trois enfants, l'un, M. Jules Deseilligny, est resté auprès d'elle; sa fille unique a pris le voile, il y a deux ans, chez les sœurs de l'Assomption : le regretté défunt, M. l'abbé Eugène Deseilligny, était l'aîné.

Dès son jeune âge il se montra plein d'ardeur pour le bien et avide de dévouement. Devenu prêtre, il exerça son zèle sacerdotal comme professeur et vicaire successivement à la Rochelle et à Rouen. Mais le jeune abbé avait soif de se consacrer aux âmes, et un ministère ordinaire paraissait insuffisant à satisfaire son cœur plein d'ardeur. Aussi demanda-t-il aux pères du Saint-Esprit de vouloir bien l'agréger à leur congrégation ; puis acceptant la mission qu'ils lui indiquèrent, il partit pour le Congo, à bord du « Taurus », en novembre 1889. Il était arrivé depuis quelques jours seulement à Landana et souffrait un peu de la fièvre lorsqu'une plus violente crise fit craindre pour sa vie.

Le médecin de Landana déclara qu'un nouvel accès serait fatal au jeune missionnaire. M. Deseilligny, cédant à des instances réitérées, se décida à rentrer temporairement en France, le 14 janvier 1890.

Les missionnaires le conduisirent à bord du paquebot le « Pélion » qui partait le lendemain. Le changement d'air lui est bon, et sa santé se rétablit rapidement. Il se fait des amis de tous les habitants du bateau. Il cause science avec le capitaine, médecine avec le docteur, et les étonne tous par ses connaissances variées sur des sujets spéciaux. Le docteur croyait même que l'abbé Deseilligny avait étudié la médecine. Il était très gai et ses relations fort agréables avec tout le monde, mais surtout avec les matelots, attirés par sa franchise et sa générosité. On avait remarqué une amélioration si réelle dans son état, que tout faisait espérer un prompt et complet rétablissement.

Il y avait environ vingt jours que le « Pélion » filait vers la France, quand il stopa à Libreville, où tous les passagers pris dans le Congo devaient débarquer et attendre le passage du paquebot pour la France le 2 février. Au lieu d'attendre, l'abbé Deseilligny exprima au capitaine le désir de l'accompagner dans son voyage intermédiaire à la côte d'Or. Il était avide de s'instruire et surtout il avait à cœur qu'aucun de ses compagnons de voyage ne manquât des secours de la religion, étant le seul prêtre à bord du « Pélion ». Ce fut en effet pendant ce voyage que M. La Fontaine, second du navire, tomba malade, frappé d'une fièvre bilieuse hématurique avec complication de typhus, complication généralement très rare. La maladie s'aggrave rapidement. M. Descilligny assiste M. La Fontaine, se constitue son garde-malade, le soigne comme une sœur de Charité, reçoit sa confession et lui administre les derniers sacrements. Le lieutenant meurt. Son ami le capitaine est dans la désolation. Par amitié pour son second, et pour consoler sa famille, il ne veut pas jeter son cadavre aux requins. On passait près de la côte, et c'est là que le capitaine veut enterrer son ami, en attendant que sa famille puisse ramener sa dépouille en France.

M. l'abbé Descilligny veut descendre à terre avec la dépouille mortelle du lieutenant pour lui rendre les derniers devoirs. Le capitaine s'efforce de l'en dissuader à cause de sa santé mal rétablie et des dangers de l'atterrissage. Malgré ses instances, le courageux jeune homme descend dans le canot, et accompagne le cercueil jusqu'au cimetière d'Addah. Il revient inondé par les vagues. « Car, il y a, dit un voyageur du « Pélion », le long de ces côtes de l'Afrique, une ligne de vagues extrêmement hautes, qui brisent souvent les canots et les pirogues. Dans ce cas les voyageurs sont perdus, car les requins sont là par milliers pour les dévorer.

Rien ne faisait prévoir la fin prochaine du courageux prêtre. Il ne se plaignait pas de sa santé ; son appétit était bon et sa franche gaieté charmait toujours ceux qui l'approchaient. Il avait de fréquentes conversations avec le capitaine, il lui parlait de sa famille et surtout de sa mère, qu'il supposait être encore à Cannes ; il ne lui avait pas écrit, disait-il, de peur de l'inquiéter par son retour si prompt en France ; mais il se faisait une fête d'aller la surprendre et l'embrasser dès son arrivée. Pauvre mère désolée ! Consolez-vous ! Vous n'avez point revu sur la terre votre fils chéri, mais il est mort le cœur plein de votre pensée et l'âme remplie de dévouement à son devoir de prêtre ; vous le reverrez au ciel.

Environ quinze jours après la mort du lieutenant La Fontaine, le 19 février, le pieux missionnaire est saisi d'un accès de fièvre assez léger. Le docteur lui prescrit de garder le lit, et le 21, malgré les soins dont il fut entouré, il rendait son âme à Dieu, à cinq heures du matin. Il était victime d'une fièvre bilieuse hématurique avec symptômes typhiques, la même maladie qui avait emporté le lieutenant La Fontaine. Il mourut dans le trajet de Conakry à Dakar, à vingt milles de l'archipel des Bissagos, à deux mille lieues de sa mère chérie, de sa sœur et de son unique frère, qui, à la terrible nouvelle de la mort de son ainé, partit pour Marseille avec l'espérance de ramener sa dépouille mortelle.

La mort de M. l'abbé fut un deuil pour tout le bâtiment : il s'était fait aimer de tous, surtout du capitaine et du docteur Villard, qui le regardaient comme leur ami. Officiers, matelots et passagers le pleurèrent comme un frère, dont les qualités aimables s'alliaient aux plus solides vertus du cœur.

Par respect et par affection on lui fit un cercueil, contrairement aux usages de la mer. Le capitaine Fabrique aurait bien désiré conserver sur son navire le corps de l'abbé Deseilligny, pour le rendre à sa famille désolée comme suprême consolation ; mais les règlements de la marine sont très sévères : on ne peut garder un cadavre sur le vaisseau. Il fallait bien s'y soumettre. Alors le capitaine Fabrique arrête son bateau, met le pavillon en berne, réunit tout l'équipage et s'adressant au plus jeune des mousses, comme étant le plus innocent, il lui dit : « Fais d'abord ta prière pour toi, et demande pardon afin que tu sois digne de prier pour les autres. » Le petit mousse fit sa prière : « Maintenant, — dit le capitaine, — récite les prières pour les trépassés. » Après la cérémonie on fit glisser dans l'abîme de l'Océan le corps du zélé missionnaire.

Le lendemain de la mort, le pavillon étant resté en berne, le paquebot rencontra le « Taurus ». Le commandant du « Taurus » vint à bord du « Pélion », demanda qui on avait perdu puisque le pavillon était en berne ; le capitaine du « Pélion » répond : « Le P. Deseilligny. » — « Le P. Deseilli-

gny ? est-ce possible ? C'est moi qui l'ai conduit il y a un mois ! »
et les deux capitaines se séparèrent les larmes dans les yeux !

La *France nouvelle* qui consacre quelques lignes au regretté
défunt, dit : « Il est mort au champ d'honneur de l'Eglise.
Fils d'un ancien ministre jouissant d'une grande fortune, il a
tout quitté même sa mère, sa sœur et son frère qu'il aimait
tant, pour se sacrifier au salut des âmes, pour aller porter aux
nègres du Congo, la parole divine et faire resplendir la lumière
du Christ au milieu des ténèbres de la barbarie. »

C'est afin de prier pour cette âme généreuse que trente
prêtres environ s'étaient réunis dans l'église de Broye remplie
par tous les habitants de la paroisse, les autorités de la commune et beaucoup d'amis venus du Creusot et des alentours.
Il y a trois ans, la jolie petite église, construite aux frais de
Mme Deseilligny, était consacrée par S. G. Mgr Perraud, évê-
que d'Autun. Ce jour-là, le pays était en fête, et la nouvelle
église était parée de fleurs, céleste épouse qui devait recevoir
son Epoux divin pour la première fois. C'était le défunt qui
célébrait la messe. Le 21 mars 1890, il n'en était plus ainsi ;
les cloches jetaient des cris plaintifs, le temple cachait sa belle
architecture sous des vêtements de deuil ; les deux anges du
sanctuaire eux-mêmes, le visage caché sous leur crêpe noir,
semblaient verser des pleurs en regardant la terre, tandis que
leurs mains soutenaient des flambeaux lumineux, image des
ferventes supplications adressées au ciel. Ils étaient là les bons
paroissiens de Broye, autour de ce catafalque, la tristesse
dans le cœur, les larmes dans les yeux, ils priaient et pensaient
à leur cher bienfaiteur à jamais perdu pour eux. Ils ne pou-
vaient séparer son souvenir de celui de sa famille et cha-
cun demandait à Dieu de soulager le mort et de consoler les
vivants. A notre époque on est heureux de rencontrer des
populations véritablement attachées à leurs bienfaiteurs : elles
sont si rares !

L'excellent curé de Broye avait déployé tout son zèle
pour donner à cette prière suprême toute la solennité désirable.

La messe fut célébrée par M. l'abbé Mangematin, vicaire

général, qui tenait à donner à la famille Deseilligny, au nom de Monseigneur et en son nom personnel, une marque non équivoque de sa plus affectueuse sympathie.

Aux prières du célébrant et des fidèles s'unissaient des chants tristes, d'une douce et mélodieuse harmonie : en entendant le *Miserere* de Monpoux et le grave *De profundis* chanté en faux-bourdon ; on eût dit la voix des âmes trépassées qui demandaient des prières : « Du fond de l'abîme j'ai crié vers vous, Seigneur » ; ces paroles ne rappellent-elles point l'abîme de l'Océan où a été englouti le cadavre du cher abbé Deseilligny ?

Après l'Evangile, M. le vicaire général monta en chaire. Il sut trouver le chemin des cœurs, et donner en même temps de grandes leçons issues de la mort. L'émotion de son auditoire lui prouva qu'il avait touché juste, car on entendit des soupirs et des sanglots et tous versaient des larmes.

La prière soulage les morts, et la sympathie est une consolation pour les vivants. 　　　　　L.-C. B.

Voici les paroles prononcées par M. le Vicaire général :

Mes Frères,

Aujourd'hui, dans les autres églises du diocèse d'Autun, on célèbre la fête de la Résurrection de saint Lazare : ici, nous disons une messe des morts !

Pourquoi en un tel jour une messe des morts ?

Pourquoi dans cette église, qui vient à peine de dépouiller sa gracieuse parure du jour de sa consécration, voyons-nous ces sombres draperies, ces tentures de deuil ? Pourquoi surtout le deuil dans nos cœurs et les larmes dans nos yeux ?

Pourtant elle était si belle cette église, dans ses ornements de fête, au jour de sa consécration, il y a moins de trois ans, et tous vous étiez si heureux !

Pourquoi ces contrastes ?

Pourquoi alors les chants d'allégresse et la joie dans toutes les âmes ? Pourquoi aujourd'hui la tristesse et les chants funèbres ?

Il y a trois ans, la première messe célébrée dans cette église

était dite par un jeune prêtre plein de vie et de généreuse ardeur !
Avec quelle édifiante piété il célébra cette première messe, vous
vous le rappelez ! Aujourd'hui ce jeune prêtre n'est plus là : vous
ne l'y verrez plus jamais !

Il y a trois ans, au pied de cet autel se tenait une noble femme,
une pieuse mère, heureuse, ravie d'assister à cette première
messe dite par son fils, dans une église donnée par elle ! Aujour-
d'hui elle est brisée par la douleur : comme la Sunamite, dont
l'office de ce jour nous rappelle la touchante histoire [1], elle a
perdu son fils ; son âme est dans l'amertume, *anima ejus in
amaritudine est* [2], et elle pourrait élever vers le Ciel des plaintes
semblables à celles de cette mère désolée : Mon Dieu, ne m'avez-
vous donc donné ce fils que pour me l'enlever ? Ne m'avez-vous
accordé cette joie de le voir prêtre, montant à l'autel du sacrifice,
que pour lui demander à lui-même de donner l'exemple du
sacrifice suprême, et, comme Vous sur le Calvaire, en immolant
pour ainsi dire sa mère avec lui, tellement les conditions de
cette mort rapide, foudroyante, à 2,000 lieues de sa famille,
retentissent douloureusement dans un cœur maternel !

Mais non ! j'ai tort de prêter ces paroles à cette âme vaillante :
non seulement elle sait que l'épreuve est la loi de notre vie ici-
bas, mais elle est assez chrétienne pour avoir la grâce de comprendre que l'épreuve plus dure est de la part de Dieu le signe
d'un amour de prédilection ; elle pleure, mais en même temps
elle dit : « Mon Dieu, mon Père, que votre sainte volonté soit
faite ! »

Il est vrai que pour une âme éclairée comme la sienne des
lumières de la Foi, il y a dans cette épreuve de réelles consola-
tions. Monseigneur le dit dans la lettre par laquelle il me donne
mission d'exprimer, devant cette paroisse si justement dévouée
à Mme Deseilligny, « sa part de bien religieuses et sympathiques
» condoléances dans cette immense douleur. — Comme ceux qui
» pleurent ce cher abbé, ajoute Monseigneur, j'ai la consolation
» de penser que sa mort a été la conséquence d'un acte de

1. 4° liv. des Rois, iv.
2. Ibid.

» dévouement, de foi, de charité, glorieux pour la Religion et
» bien rassurant pour lui. »

Mme Deseilligny est capable de comprendre ces pensées et d'y
trouver un doux et puissant allègement à sa douleur : son fils
est mort en vrai prêtre de Jésus-Christ, se sacrifiant, comme le
divin Maître, pour la gloire de Dieu et le salut des âmes !

Il est raconté dans le saint Évangile [1] qu'un jour un jeune
homme vint trouver Notre-Seigneur, et, fléchissant le genou
devant lui, lui dit : « Bon Maître, que ferai-je pour avoir la vie
» éternelle ? — Si tu veux parvenir à la vie, répondit Jésus,
» observe les commandements. — Lesquels ? dit le jeune homme.
» — Jésus répondit : Tu connais les préceptes : tu ne tueras
» pas....., tu ne déroberas pas....., honore ton père et ta mère, et
» aime ton prochain comme toi-même. » Le jeune homme lui
dit : « J'ai observé tout cela depuis ma jeunesse : que me man-
» que-t-il encore ? » — Ce qu'entendant, Jésus le regarda et
l'aima, et lui dit : « Une seule chose te manque encore, si tu
» veux être parfait, va, vends tout ce que tu possèdes, et le donne
» aux pauvres, et tu auras un trésor dans le Ciel ; puis viens et
» suis-moi. — Mais lui, entendant cela, affligé de cette parole,
» s'en alla triste » ; car, ajoute l'Évangile pour expliquer sa fai-
blesse après un commencement de bonne volonté : « Il était fort
riche et possédait de grands biens. » Et Jésus dit à ses disciples :
« En vérité, je vous affirme qu'un riche entrera difficilement
» dans le royaume des cieux ! »

Eugène Deseilligny lui aussi était jeune et fort riche. Voilà
qu'un jour il aspire également à une vie plus parfaite et il interroge
la volonté de Dieu. Le bon Maître jette sur lui un regard de par-
ticulière tendresse, *intuitus eum*, *dilexit eum*, et, plus heureux
que le jeune homme de l'Évangile, Eugène Deseilligny ouvre son
cœur à la grâce ; malgré sa richesse il répond à l'appel du Sauveur, et il part pour devenir un apôtre, soumettant à l'avance son
corps aux dangers d'un climat meurtrier, sa volonté à l'obéis-
sance religieuse et son cœur aux tortures de l'éloignement de la
patrie, des amis et de la famille !

1. S. Marc. x ; S. Mat. xix ; S. Luc, xviii.

Le sacrifice est héroïque, Dieu est satisfait : il se contente de cette bonne volonté si généreusement manifestée, et à celui qui a tout quitté pour lui, il veut immédiatement donner la récompense promise par la parole divine que M. le Curé a eu la pieuse pensée d'écrire sur les murs de cette nef, comme résumé des enseignements de cette funèbre cérémonie : *Qui reliquerit domum, vel fratres aut sorores....., aut matrem..... propter nomen meum..... vitam æternam possidebit*[1]. Mais cette récompense Dieu veut que le courageux jeune homme la mérite par un dernier acte de dévouement bien visible, plus qu'ordinaire, pour qu'il soit plus édifiant. Qui sait d'ailleurs si cette récompense n'était pas déjà méritée à l'avance par un acte intime de l'âme, une de ces offrandes héroïques que proposent souvent à Dieu des cœurs généreux et que Dieu accepte parfois ! Mais Dieu seul connaît le fond des cœurs : nous, racontons ce que les hommes ont vu et admiré.

Eugène Descilligny est à peine depuis quinze jours à Landana [2]: un premier accès de fièvre pernicieuse l'a beaucoup affaibli ; le médecin et les religieux redoutent un second accès, qui serait inévitablement fatal ; on lui fait une obligation de rentrer en France : il doit obéir.

Sur le navire qui le ramène, *le Pélion*, il s'est bientôt fait respecter et aimer de tous, officiers, passagers et matelots, non seulement par sa piété et l'aménité de son caractère, mais aussi par l'intérêt de sa conversation nourrie de connaissances variées et le vif entrain de sa jeunesse.

Toujours désireux de voir et de s'instruire, il profite d'un arrêt imposé aux passagers, pour faire avec le second du navire une excursion le long des côtes. Par suite des fatigues de ce voyage, cet officier tombe malade ; son mal offre les symptômes du typhus : qui le soignera dans cette maladie terrible et dangereuse ? Eugène Deseilligny non seulement l'assiste comme prêtre, mais il se constitue son garde-malade constant, attentif, comme un ami, comme un frère. Malgré tous les soins l'officier meurt ; on est

---

1. S. Mat. xix, 29.

2. Station importante de la mission du Congo, où il devait travailler avec les Pères du Saint-Esprit et du Saint-Cœur de Marie, à la Congrégation desquels il s'était fait agréger.

près de la côte, le capitaine en profite pour faire déposer son corps dans le cimetière d'Addah. Mais pour atteindre la terre il y a des dangers à courir, et le capitaine ne veut pas que M. Deseilligny accompagne le cercueil. Celui-ci insiste. « Mais, mon cher abbé reprend le capitaine, le péril est plus grand que vous ne pouvez vous l'imaginer : je n'envoie là que les marins les plus aguerris : voyez cette barre le long de la côte : elle est très difficile à franchir, et non seulement il y a risque de chavirer, mais pour qui tombe en mer il y a péril certain d'être immédiatement dévoré par les monstres de la mer. » — « N'importe, » répond Eugène Deseilligny, c'est mon devoir de prêtre de dire » les dernières prières sur le corps de ce chrétien, je l'accompa- » gnerai : *je veux faire mon devoir jusqu'au bout.* »

Un marin sait reconnaître et apprécier le courage : le capitaine ne fait plus d'objections, tout ému il serre la main du vaillant jeune homme et le laisse partir.

Quelques jours après, la terrible maladie qui avait emporté le lieutenant saisit à son tour M. l'abbé Deseilligny; seul il en est atteint, sans doute parce que de tous il a été le consolateur et le garde-malade le plus assidu de l'officier défunt.

C'est le 19 février qu'il est frappé; le 21 il est mort; et malgré le désir du capitaine de garder son corps, il est obligé de le jeter à la mer.

Douleur de plus pour ceux qui l'ont aimé, pour son frère, pour sa sœur, pour sa mère ! Mais douleur dont leur foi est assez grande pour les consoler encore. Au jour de la résurrection, Dieu saura bien retrouver les corps de ses enfants. La fête d'aujourd'hui nous rappelle, je le disais au commencement, que Jésus a ressuscité son ami Lazare : il l'a ressuscité quatre jours après sa mort : *Jam fœtet*, « déjà il sent mauvais », disaient ses sœurs ! Sera-t-il donc plus difficile au Dieu tout-puissant qui a tout créé de rien, de rendre à la vie les corps ensevelis au fond des abîmes de la mer, que de les arracher à la corruption des vers et à la poussière du tombeau ?

Chrétiens, mes Frères, ah ! laissez-moi vous le rappeler à cette occasion, il n'y a qu'une seule mort dont on ne ressuscite pas, dont toute la puissance, toute la bonté de Dieu ne saurait jamais nous ressusciter : c'est la mort en état de péché mortel !

Que Dieu nous garde de ce malheur ! Mourir la conscience souillée de péchés graves, connus, voulus, sans confession, sans repentir ! Oh, mon Dieu, non, ne nous laissez pas mourir ainsi, ayez pitié de nous. *Miserere, Deus !* Je vous en supplie, si jamais le péché mortel venait à tuer nos âmes, bien vite daignez les ressusciter à la vie de la grâce : s'il faut souffrir pour le mériter, faites-moi souffrir ; comptant sur votre secours, j'y consens : *temporaliter potius maceremur, quam suppliciis deputemur æternis* [1] : faites de mon corps ce que vous voudrez, mais que mon âme vive et meure dans votre amour !

Vivre dans l'amour de Dieu, le souvenir du cher défunt nous y aidera. Nous nous rappellerons son exemple et spécialement la dernière parole que nous connaissons de lui : « Je veux faire » mon devoir jusqu'au bout ! » Cette énergique et fortifiante parole nous la garderons dans nos cœurs, nous en ferons la règle de notre conduite.

A ceux qui l'avertissent de la maladie de Lazare, Jésus répond : « Cette maladie n'aura pas pour résultat la mort, mais elle est » pour la gloire de Dieu, et le fils de Dieu sera glorifié par elle [2]. » Puisse la catastrophe dont la pensée nous fait pleurer aujourd'hui, comme Marthe, Marie-Madeleine, les Juifs et Jésus lui-même pleurèrent sur le tombeau de Lazare, puisse cette catastrophe avoir aussi pour résultat la gloire de Dieu ! J'en suis sûr, elle-même, la pieuse mère de celui que nous regrettons, trouverait la force de se réjouir au milieu de ses larmes, si elle voyait son malheur servir à éclairer les âmes et à les affermir dans le bien, dans l'amour de la vie chrétienne et la pratique du devoir.

Oui ! il en sera ainsi, je veux l'espérer. Ah ! c'est qu'elle parle bien haut encore la voix du jeune apôtre du Congo : *Defunctus adhuc loquitur.* Comme il nous prêche le néant des choses de ce monde, et la nécessité de s'en détacher pour ne chercher que les seuls biens éternels ! Richesse, intelligence, santé, jeunesse : il possédait tous ces biens si enviés : qu'en reste-t-il maintenant ?

1. Oraison du vendredi après le dimanche de la Passion.
2. S. Jean, xi, 4.

rien, rien ! Pas même un cadavre dans ce catafalque vide ! Heureusement il reste à l'âme immortelle ce que la mort ne peut enlever : le mérite du désintéressement, de la charité, du dévouement, du devoir aimé et pratiqué *jusqu'au bout !*

Saint Alphonse de Liguori raconte[1] que saint Charles Borromée avait dans sa maison un tableau représentant la mort une faux à la main. Le saint ne put supporter ce symbolisme païen et, à la place de la faux, il fit peindre une clef d'or.

Aux yeux du chrétien la mort n'est pas une ennemie sans pitié, elle ne le tue pas, elle lui ouvre le ciel. De plus, dans le style des saintes Écritures, l'or c'est le dévouement, c'est la charité.

Donc, bien cher abbé Deseilligny, si violemment que la mort vous ait ravi, je ne consens pas à dire que sa faux a tranché vos jours, je dis qu'elle vous a ouvert avec une clef d'or l'entrée du Paradis !

Cependant, comme nous ne connaissons pas la limite des justes exigences de la sainteté divine, nous prierons de tout notre cœur pendant que nous allons continuer la célébration de l'auguste sacrifice de la messe : nous demanderons à Notre-Seigneur, par l'intercession de la sainte Vierge, sa mère, et de saint Lazare, son ami, de vouloir bien donner le repos à l'âme du regretté défunt, et, en même temps, la consolation à sa famille affligée.

Pour nous, mes Frères, ne l'oublions plus jamais : désintéressement, charité, dévouement, oubli de nous-mêmes, en un mot, pratique du devoir jusqu'au bout, selon nos conditions, voilà la clef d'or qui nous ouvrira sûrement la porte des trésors éternels !

Ainsi soit-il.

---

1. *Préparation à la mort*, 8ᵉ consid.

LE DÉPART DU MISSIONNAIRE

> « L'amour est plus fort que les grandes eaux. »
>
> (Cantique VIII.)

Il est jeune, il est riche ; un brillant avenir
Lui sourit, et le monde au bonheur le convie.
Il a, pour traverser heureusement la vie,
L'appui — de cœurs aimants... et d'un grand souvenir.

Mais le Sauveur lui dit : « Si tu veux devenir
Parfait, renonce aux biens que le vulgaire envie.
Viens, marche sur les pas du Dieu qu'on crucifie.....
Là sont les vrais trésors que rien ne peut ternir. »

Et le jeune homme part sur une nef agile.
Il va, missionnaire, annoncer l'Évangile
Aux pauvres noirs que brûle un été sans hiver.

Il lui faudra franchir un océan immense.
Qu'importe ? — Il peut braver les vagues en démence.....
Car son zèle intrépide est plus fort que la mer.

C. NOUVEAU

31 mars 1890.

A Madame Deseilligny.

LE RETOUR

> « Ta douleur est grande comme la mer. »
> (JÉRÉMIE.)

Le sol est dur, le ciel brûlant. l'air meurtrier.
Les forces de l'apôtre ont trahi son courage.
Il s'arrête épuisé sur un lointain rivage :
Il ne peut que souffrir, il ne peut que prier.

Faudra-t-il qu'il revienne, impuissant ouvrier,
Sans avoir eu l'honneur d'achever son ouvrage ?...
Dieu le veut. — Il s'embarque... et pendant le voyage
Jésus lui fait cueillir le céleste laurier.

L'océan prend son corps, le ciel reçoit son âme.
Mère, réjouis-toi ! — que dis-je ? ô pauvre femme,
Tes larmes vont couler comme un torrent amer.

Mêle ces pleurs aux flots où son cadavre tombe ;
Mais ne souhaite pas à ton fils d'autre tombe.....
Car ta douleur est grande, hélas ! comme la mer.

C. NOUVEAU.

31 mars 1890.

Autun. — Dejussieu, imp. de l'Évêché.